Kavini's Quotes

Hindi - Roman

Aluri Kameswari
"kavini aluri"

- Publisher -

GEETA PRAKASHAN

4-2-771, Ramkoti, Hyderabad - 500001
Cell 9849250784
Email : geetaprakashan7@gmail.com

title
Kavini's Quotes Hindi - Roman

Edition 2022

ISBN 9798371466662

Publisher
GEETA PRAKASHAN
4-2-771, Ramkoti, Hyderabad - 500001
Cell 9849250784
Email : geetaprakashan7@gmail.com

do shabd

pustak ko prakaashit karane ke lie prerit kie sabhee saathiyon ko. ....

is pustak mein ullekh hindee mein likhee gaee aur saath hee roman hindee mein meree bhaavanaayen dee gaee.
aasha hai chhaatron ke lie yah pustak upayogee siddh hogee !

aluri kameswari
"kavini aluri"

दो शब्द

पुस्तक को प्रकाशित करने के लिए प्रेरित किए सभी साथियों को।

इस पुस्तक में उल्लेख हिंदी में लिखी गई और साथ ही रोमन हिंदी में मेरी भावनायें दी गई।

आशा है छात्रों के लिए यह पुस्तक उपयोगी सिद्ध होगी!

आलूरि कामेश्वरि
"कविनि आलूरि

अपने शरीर और मन को
उलझा कर और खुद को
कीचड़ में न फंसने के लिए
सचेत होते हुए
अपने साहित्यिक लक्ष्यों के प्रति
खुद को
लगातार तैयार करती हूं।

in Roman

apane shareer aur man ko
ulajha kar aur khud ko
keechad mein na phansane ke lie
sachet hote hue
apane saahityik lakshyon ke prati
khud ko
lagaataar taiyaar karatee hoon.

1

आप से कुछ लिया नहीं !
हम को कुछ दिया नहीं !
आप से कुछ छीना नहीं !
हम से कुछ माँगा नहीं !
फिर क्यों
ये जलन की बातें !
जिंदगी आज यहाँ कल कहाँ किसको पता !
मन को विशाल रख लें !
बस जिंदगी सुकून से चली जाएगी !

in Roman

aap se kuchh liya nahin !
ham ko kuchh diya nahin !
aap se kuchh chheena nahin !
ham se kuchh maanga nahin !
phir kyon
ye jalan kee baaten !
jindagee aaj yahaan kal kahaan kisako pata !
man ko vishaal rakh len !
bas jindagee sukoon se chalee jaegee !

2

ऐ जिंदगी ! आसमान को छूने का
एक मौका मुझे दो !
मुझे पता कि आसमान मुझ से
बहुत दूर है !
लालची मत समझो मुझे !
लगन, दृढ़ संकल्प
कुछ भी कराती है !

in Roman

ai jindagee ! aasamaan ko chhoone ka
ek mauka mujhe do !
mujhe pata ki aasamaan mujh se
bahut door hai !
laalachee mat samajho mujhe !
lagan ,drdh sankalp
kuchh bhee karatee hai !

3

कभी कभी
आप के यादों में यूँ ही रह जाती
विश्वास की बगिया है ये प्यार !

कभी कभी तनहाई में रह जाती
बड़ा खतरनाख है ये तनहाई !

आप के आँखों में मुझ पर प्यार सदा
बेशुमार रहने दो यारों !

in Roman

kabhee kabhee
aap ke yaadon mein yoon hee rah jaatee
vishvaas kee bagiya hai ye pyaar !

kabhee kabhee tanahaee mein rah jaatee
bada khataranaakh hai ye tanahaee !

aap ke aankhon mein mujh par pyaar sada
beshumaar rahane do yaaron !

4

इस दुनिया में हमें जीना है !

दूसरों को जीने का मौका देना है !

जीवन की बेशकीमती पलों को

मत गँवाना

दूसरों को भी

गंवाने न देना !

in Roman

is duniya mein

hamen jeena hai !

doosaron ko

jeene ka mauka dena hai !

jeevan kee beshakeematee palon ko

mat ganvaana

doosaron ko bhee

ganvaane na dena !

5

यार तुम अक्सर कहा करती हो कि
मेरा जीवन कितना सुखी है
मेरी जिंदगी की किताब के पन्नो को
कभी खोल कर देखो !
कितनी गहराई,
कितना दुख
आँसुओं से सराबोर पन्ने
कदम आगे बढ़ाने की दृढ़ता
लक्ष्य को पाने की क्षमता सभी मिलते !

in Roman

yaar tum aksar kaha karatee ho ki
mera jeevan kitana sukhee hai
meree jindagee kee kitaab ke panno ko
kabhee khol kar dekho !
kitanee gaharaee,
kitana dukh
aansuon se saraabor panne
kadam aage badhaane kee drdhata
lakshy ko paane kee kshamata sabhee milate !

6

ईर्ष्या, साजिश, अपमानित करना
उंगली उठाना ये सभी
मेरे समझ के बाहर हैं।
        मैं इंसानियत के बीच में
        रहना चाहती हूँ !
समानता के सपनों को साकार
करना चाहती हूँ !
        और जी भर
        जीना चाहती हूँ !

in Roman

eershya ,saajish ,apamaanit karana
ungalee uthaana ye sabhee
mere samajh ke baahar hain.
main insaaniyat ke beech mein
rahana chaahatee hoon !
samaanata ke sapanon ko saakaar
karana chaahatee hoon !
aur jee bhar
jeena chaahatee hoon !

7

युगों से तो
हमें गिराने का लाखों
कोशिश। ...... !
ऐसा ही
षडयंत्र रचाते रहो !
हम आवाज उठाते रहेंगे
मगर
अपने आप को
साबित करते लड़ेंगे !

in Roman

yugon se to
hamen giraane ka laakhon
koshish. ...... !

aisa hee
shadayantr rachaate raho !
ham aavaaj uthaate rahenge
magar

apane aap ko
saabit karate ladenge !

8

नीला गगन। ...
निर्मल जल
लुभानेवाली हरियाली।
... खुशबूदार हवा
प्रकृति के कितने अजूबे हैं !
इनको अनुभव करना चाहिए !
आने वाले पीढ़ियों को दे देना चाहिए !
वरना सिर झुकाकर उनके सामने
अपराधी बनकर खड़े रह जायेंगे !

in Roman

neela gagan. ... nirmal jal
lubhaanevaalee hariyaalee.
    ... khushaboodaar hava
    prakrti ke kitane ajoobe hain !
inako anubhav karana chaahie !
aane vaale peedhiyon ko de dena chaahie !
    varana sir jhukaakar unake saamane
    aparaadhee banakar khade rah jaayenge !

9

भोर हो रही। ... श्याम ढल रही
और दिन बीत गया !
समय को
रोका नहीं जा सकता
वैसा ही
थामा भी नहीं जा सकता !
लेकिन हमारे जीवन को जरूर
निर्देश किया जा सकता !

in Roman

bhor ho rahee. ... shyaam dhal rahee
aur din beet gaya !
samay ko
roka nahin ja sakata
vaisa hee
thaama bhee nahin ja sakata !
lekin hamaare jeevan ko jaroor
nirdesh kiya ja sakata !

10

मेरे जीने का तरीका। ...
मेरे इरादे। ..
मेरे लक्ष्य
मेरा सफर .....

निडर होकर
हमेशा
निरंतर
मुझे आगे बढ़ने को कहते हैं।

in Roman

mere jeene ka tareeka. ...

mere iraade. ..

mere lakshy

mera saphar .....

nidar hokar

hamesha

nirantar

mujhe aage badhane ko kahate hain.

11

जिंदगी

बड़ी अजीब है

एक बार हारे तो भी जीतेंगे

केवल समुद्र तट पर

रेत को छूने से नहीं

समुद्र की गहराइयों को

छूना चाहिए।

in Roman

jindagee
badee ajeeb hai

ek baar haare to bhee jeetenge
keval samudr tat par
ret ko chhoone se nahin
samudr kee gaharaiyon ko
chhoona chaahie.

12

अच्छाई से दृढ़ता
संवेदनशीलता से आत्मविश्वास
ईमानदारी से
अन्याय के खिलाफ
आवाज उठाना
निस्स्वार्थता से
जीवन का
एक निश्चित लक्ष्य होना चाहिए !

in Roman

achchhaee se drdhata
sanvedanasheelata se aatmavishvaas
eemaanadaaree se
anyaay ke khilaaph
aavaaj uthaana
nissavaarthata se jeevan ka
ek nishchit lakshy hona chaahie !

13

कलम
अतीत के यादों
से आघा करती है !

वर्त्तमान को दर्शाती है
भविष्य को तय करती है !
यह एक
ऐतिहासिक तथ्य है !

in Roman

kalam
ateet ke yaadon
se aagha karatee hai !
varttamaan ko darshaatee hai
bhavishy ko tay karatee hai !
yah ek
aitihaasik tathy hai !

14

अपमान, आरोप, घृणा के लिए
चिंता मत करो !
ऐसा महान व्यक्तियों का
कहना है कि
फूलों तले काँटे
फलदार पेड़ों को ही
पत्थर मारते !

in Roman

apamaan, aarop, ghrna ke lie
chinta mat karo !

aisa mahaan vyaktiyon ka
kahana hai ki
phoolon tale kaante
phaladaar pedon ko hee
patthar maarate !

15

हमारा जनम

हमारे हाथों में नहीं है !

लेकिन

हमारा मरण

इतिहास में

एक नया अध्याय

बनाना चाहिए !

नया साल का स्वागत !

in Roman

hamaara janam
hamaare haathon mein nahin hai !
lekin
hamaara maran
itihaas mein
ek naya adhyaay
banaana chaahie !

naya saal ka svaagat !

16

अपनी भावनाओं को
ऊँचे आदर्शों से
अलंकृत करो,

जीवन के संघर्ष में
समझौता वाले
औसत लोग है हम !

in Roman

apanee bhaavanaon ko
oonche aadarshon se
alankrt karo,

jeevan ke sangharsh mein
samajhauta vaale
ausat log hai ham !

17

बिना मांगे किसी को मुफ्त की सलाह मत दो !
दूसरों से एहसान की
उम्मीद न करें
बेवजह अपने आप को
अभिव्यक्त न करें
अपनी तरक्की के बारे में
बढ़ चढ़ कर न बताएं
जितना हो सके मौन रहें
शांत मन से जीना सीखो ।

in Roman

bina maange kisee ko mupht kee salaah mat do !
doosaron se ehasaan kee
ummeed na karen
bevajah apane aap ko
abhivyakt na karen
apanee tarakkee ke baare mein
badh chadh kar na bataen
jitana ho sake maun rahen
shaant man se jeena seekho .

18

भले ही आप
रत्नों में रत्न हों
लेकिन
इस बात को पचाने में
पूरी उम्र लग गई कि
आप
हजारों पत्थरों में से
एक हैं।

in Roman

bhale hee aap
ratnon mein ratn hon
lekin
is baat ko pachaane mein
pooree umr lag gaee ki
aap
hajaaron pattharon mein se
ek hain.

19

हमें आसमान नहीं चाहिए
जो इतना ऊंचा हो..

इंसान की तरह
जीने दो।
वही काफी है।

in Roman

hamen aasamaan nahin chaahie
jo itana ooncha ho..

insaan kee tarah
jeene do.
vahee kaaphee hai.

20

कौन कहता है
जीने के लिए
        पैसा चाहिए
        सहारा चाहिए,
        परिवार चाहिए
मैं कहती हूं
जीने के लिए
        बस
        सांसे चाहिए !

in Roman

kaun kahata hai
jeene ke lie
        paisa chaahie
        sahaara chaahie,
        parivaar chaahie
main kahatee hoon
jeene ke lie
        bas
        saanse chaahie !

21

कहना तो बहुत कुछ है
पर कह क्या सकती हूं

सुनने अगर तैयार हो कोई
तो मैं भी
कह सकती हूं
ना !

in Roman

kahana to bahut kuchh hai
par kah kya sakatee hoon

sunane agar taiyaar ho koee
to main bhee
kah sakatee hoon
na !

22

जीने की चाह
किसे नहीं

पर अफसोस
जीना किसे भी नहीं
आता है !

in Roman

jeene kee chaah
kise nahin

par aphasos
jeena kise bhee nahin
aata hai !

23

इस जहां में
हर कोई नशे में है
किसी को
पैसे का नशा
किसी को
पद का नशा है
तो किसी को
अपने खुद पर नशा है!

in Roman

is jahaan mein
har koee nashe mein hai
kisee ko
paise ka nasha
kisee ko
pad ka nasha hai
to kisee ko
apane khud par nasha hai!

24

कभी–कभी
कुछ बातें शब्दों से नहीं
इशारों से
कहीं जाती हैं
समझने वाला अगर समझदार है
तो वह
कहने से पहले ही
बिन कहे
बहुत कुछ समझ लेता है!

in Roman

kabhee-kabhee
kuchh baaten shabdon se nahin
ishaaron se
kaheen jaatee hain
samajhane vaala agar samajhadaar hai
to vah
kahane se pahale hee
bin kahe
bahut kuchh samajh leta hai!

25

साथ देने का वादा
करते हैं सभी
पर
साथ देता
कोई नहीं
अगर साथ देने वाला
हो कोई
तो साथ देने वाले की
कमी नहीं !

in Roman

saath dene ka vaada
karate hain sabhee
par
saath deta
koee nahin
agar saath dene vaala
ho koee
to saath dene vaale kee
kamee nahin !

26

जब से इंसान की परख
उसके पहनावे से
होने लगी

सच
शर्मिंदा हो
खुद को
झूठ की चादर में
लपेट लिया

in Roman

jab se insaan kee parakh
usake pahanaave
se hone lagee

sach
sharminda ho
khud ko
jhooth kee chaadar mein
lapet liya

27

रोशनी को भी
रोशनी फैलाने के लिए
किसी का सहारा लेना ही पड़ता है
तभी तो इस जहां में
हर किसी को किसी ना किसी का
सहारा लेना ही पड़ता है:
कौन कहता है इंसान सब कुछ कर सकता है
तो बस मुझे वह मेरे जीवन का
बिता हुआ एक पल मुझे लौटा दे!

in Roman

roshanee ko bhee
roshanee phailaane ke lie
kisee ka sahaara lena hee padata hai
tabhee to is jahaan mein
har kisee ko kisee na kisee ka
sahaara lena hee padata hai:
kaun kahata hai insaan sab kuchh kar sakata hai
to bas mujhe vah mere jeevan ka
bita hua ek pal mujhe lauta de!

28

इस जहां में
हर किसी को
हर किसी से
बैर है

किसी को किसी के रंग से
तो किसी को किसी के वर्ण से
तो किसी को किसी के होने से ही
गम है,
गम है !

in Roman

is jahaan mein
har kisee ko
har kisee se
bair hai

kisee ko kisee ke rang se
to kisee ko kisee ke varn se
to kisee ko kisee ke hone se hee
gam hai,
gam hai !

29

लिखना तो
हर कोई चाहता है
पर
लिख कुछ ही सकते हैं
लिखने का साहस
हर किसी में नहीं होता
लिखना कोई आसान काम नहीं
लिखना कोई सरल काम नहीं
लिखना कोई लिखना नहीं !

in Roman

likhana to
har koee chaahata hai
par
likh kuchh hee sakate hain
likhane ka saahas
har kisee mein nahin hota
likhana koee aasaan kaam nahin
likhana koee saral kaam nahin
likhana koee likhana nahin !

30

हम सब मुसाफिर हैं इस जहां में
आते हैं सभी
जाते हैं सभी
कुछ
कुछ ज्यादा ही
रुक जाते हैं
तो कुछ
कुछ जल्दी ही
चले जाते हैं !

in Roman

ham sab musaaphir hain is jahaan mein
aate hain sabhee
jaate hain sabhee
kuchh
kuchh jyaada hee ruk jaate hain
to kuchh
kuchh jaldee hee
chale jaate hain !

31

गुलाब का फूल
हमें केवल खुशबू ही नहीं देता
बल्कि
कभी–कभी कांटो की चुभन भी
दे देता है

इसी तरह इस जहां में
हमें केवल खुशी ही नहीं बल्कि
कभी–कभी गम मिल ही जाते हैं !

in Roman

gulaab ka phool
hamen keval khushaboo hee nahin deta
balki
kabhee-kabhee kaanto kee chubhan bhee
de deta hai

isee tarah is jahaan mein
hamen keval khushee hee nahin
balki kabhee-kabhee gam mil hee jaate hain !

32

इंसान की खूबसूरती
उसके सूरत से नहीं
बल्कि
सीरत से
पता चलती है

हर कोई इस जहां में
गुड़िया नहीं
जिसे अलमारी में सजाकर रखा जाए !

in Roman

insaan kee khoobasooratee
usake soorat se nahin
balki
seerat se
pata chalatee hai

har koee is jahaan mein
gudiya nahin
jise alamaaree mein sajaakar rakha jae !

33

मिट्टी से बना इंसान
एक दिन
मिट्टी में ही मिल जाता है

यह बात जानते तो सभी हैं
पर मानने कोई तैयार नहीं
तभी तो
वह अपनी मिट्टी को सोना बता
किसी और को बेच रहा है!

in Roman

mittee se bana insaan
ek din
mittee mein hee mil jaata hai

yah baat jaanate to sabhee hain
par maanane koee taiyaar nahin
tabhee to
vah apanee mittee ko sona bata
kisee aur ko bech raha hai!

34

शब्दों से बड़ा
कोई अस्त्र नहीं
शब्दों से बड़ा
कोई शस्त्र नहीं
शब्द चाहे तो
साम्राज्य बसा दें
शब्द चाहे तो
साम्राज्य ढहा दें !

in Roman

shabdon se bada
koee astr nahin
　　　shabdon se bada
　　　koee shastr nahin
shabd chaahe to
saamraajy basa den
　　　shabd chaahe to
　　　saamraajy dhaha den !

35

खामोशी से अगर
संघर्ष करते चलोगे
तो
ऐसा वक्त आएगा कि
कामयाबी खुद
शोर कर
सभी को
संघर्ष की गाथा
सुनाएगी !

in Roman

khaamoshee se agar
sangharsh karate chaloge
to
aisa vakt aaega ki
kaamayaabee khud
shor kar
sabhee ko
sangharsh kee gaatha
sunaegee !

36

होना है जो
होकर रहेगा
किसी के रोके
वह न रुकेगा
व्यर्थ की चिंता
क्यों करते हो
जो होना है वह
होकर रहेगा !

in Roman

hona hai jo
hokar rahega
kisee ke roke
vah na rukega
vyarth kee chinta
kyon karate ho
jo hona hai vah
hokar rahega !

37

ज्ञानी वह नहीं
जिसने विश्व का समूचा साहित्य
पढ़ा हो
विश्व के साहित्य को
रटा हो

असली ज्ञानी वह है
जो सही समय पर
सही शब्दों का
प्रयोग कर सके !

in Roman

gyaanee vah nahin
jisane vishv ka samoocha saahity
pada ho
vishv ke saahity ko
rata ho

asalee gyaanee vah hai
jo sahee samay par
sahee shabdon ka
prayog kar sake !

38

इस छलावे भरी दुनिया में
हर कोई
छलावे में जी रहा है
हर कोई
हर किसी से
कर रहा यहां छलावा है
यहां इस जहां में
जहां भी देखो बस
छलावा ही छलावा है !

in Roman

is chhalaave bharee duniya mein
har koee
chhalaave mein jee raha hai
har koee
har kisee se
kar raha yahaan chhalaava hai
yahaan is jahaan mein
jahaan bhee dekho bas
chhalaava hee chhalaava hai !prayog kar sake !

39

काश हमारा जिया जीवन भी
पेंसिल की तरह होता
तो हम भी अपने जीवन में
की हुई गलतियों को
रबड़ से मेट लेते
पर क्या करूं हाय रे किस्मत
हमारा जीवन पेंसिल की तरह ना होकर
श्याही के पेन की तरह है
जिसे आसानी से सुधारा नहीं जा सकता !

in Roman

kaash hamaara jiya jeevan bhee
pensil kee tarah hota
to ham bhee apane jeevan mein
kee huee galatiyon ko
rabad se met lete
par kya karoon haay re kismat
hamaara jeevan pensil kee tarah na hokar
shyaahee ke pen kee tarah hai
jise aasaanee se sudhaara nahin ja sakata !

40

अगर चावल में
मिट्टी की गांठ, बालू और कीड़े हों तो
हम क्या करें?
　　　　इसे चटाई में डालें,
　　　　पलट दें और पकाएं !
साथ ही जीवन में हमें दुख देने वाली
बातों और घटनाओं की व्याख्या की जाए,
प्रसारित की जाए और
सुधार किया जाए..!

in Roman

agar chaaval mein
mittee kee gaanth , baaloo aur keede hon to
ham kya karen?

ise chataee mein daalen,
palat den aur pakaen !

saath hee jeevan mein hamen dukh dene vaalee
baaton aur ghatanaon kee vyaakhya kee jae,
prasaarit kee jae aur
sudhaar kiya jae..!

41

आया हुआ करोना
एक चेतावनी थी
जिसे समझ हमें बदलना होगा
वरना यह जहां ही बदल जाएगा

बदलना हो तो अपने विचारों को बदलो
बदलना हो तो अपने आचार बदलो
विचार और आचार बदल लोगे
तो तुम
स्वयं ही बदल जाओगे !

in Roman

aaya hua karona
ek chetaavanee thee
jise samajh hamen badalana hoga
varana yah jahaan hee badal jaega
badalana ho to apane vichaaron ko badalo
badalana ho to apane aachaar badalo
vichaar aur aachaar badal loge
to tum
svayan hee badal jaoge !

YouTube

www.ingramcontent.com/pod-product-compliance
Lightning Source LLC
LaVergne TN
LVHW050329160826
845677LV00014B/3569

9798371466662